BLEUS BOSSES et BOBOS

de **Angèle Delaunois**

illustré par **François Thisdale**

Déjà parus dans la collection Ombilic:

GRAND MÉCHANT RHUME
ENVIE DE PIPI
OUILLE MES OREILLES
ROTS, PETS ET PETITS BRUITS
SOS ALLERGIES
MANGER BIEN, C'EST BIEN MIEUX!
DES BELLES DENTS TOUT LE TEMPS
POUX, PUCES ET COMPAGNIE
UN VACCIN POUR QUOI FAIRE?
BLEUS, BOSSES ET BOBOS

Titres à venir:

POURQUOI DES LUNETTES?
BONNE NUIT, BEAUX RÊVES
PEAU DOUCE, PEAU PROPRE
AU SECOURS, J'ÉTOUFFE!
ATTENTION, POISON!

À Jean Mantha,
notre médecin préféré.

COMME UN GRAND MANTEAU TOUT DOUX,
LA PEAU RECOUVRE ENTIÈREMENT TON CORPS.
ELLE EST SUPER IMPORTANTE POUR TA SANTÉ.
ELLE PROTÈGE TES OS, TES MUSCLES ET TES
ORGANES INTERNES. ELLE PERMET À TON
CORPS DE GARDER SON EAU ET DE
MAINTENIR SA CHALEUR. ELLE
CONSTITUE AUSSI UNE
BARRIÈRE CONTRE
LES MICROBES.

J'ai des amis de toutes les couleurs : blanc, noir, rose, jaune, basané... vert !

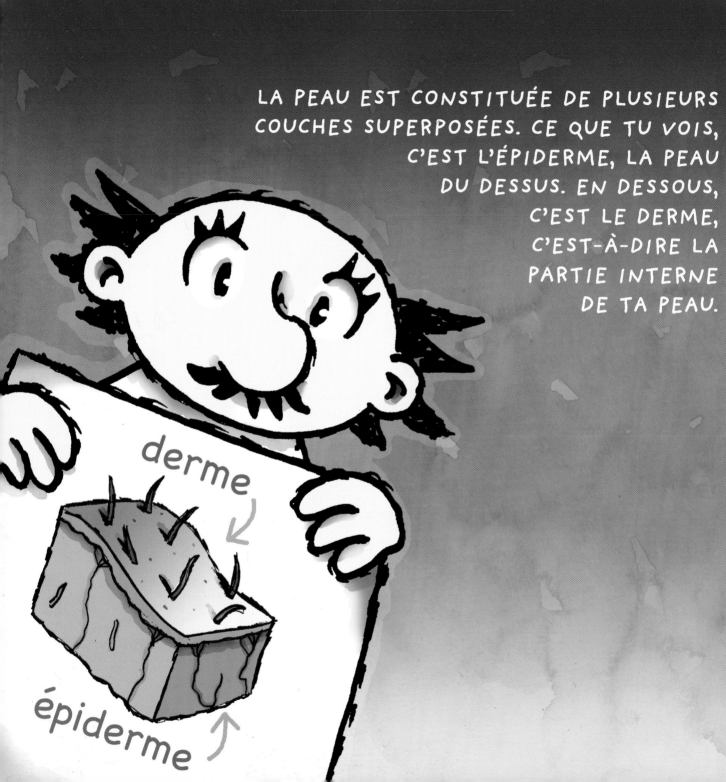

Lorsque je regarde ma peau de près, je vois des petits trous. Ce sont des pores. C'est par là que sort la sueur lorsque j'ai chaud. Lorsque ma sueur s'évapore à la surface de ma peau, cela me rafraîchit.

C'est fait exprès !

LES CHEVEUX ET LES POILS POUSSENT AUSSI DANS LA PEAU. ILS SE FORMENT À QUATRE MILLIMÈTRES SOUS LA SURFACE.
LES CHEVEUX POUSSENT D'UN CENTIMÈTRE CHAQUE MOIS. LES ONGLES DE MAIN METTENT DE TROIS À SIX MOIS À SE RENOUVELER. LES ONGLES D'ORTEILS SONT PLUS PARESSEUX : IL LEUR FAUT DE DOUZE À DIX-HUIT MOIS POUR SE REFAIRE. CHEVEUX, POILS ET GRIFFES SONT FAITS EN KÉRATINE.

MiAoU

En principe, les cheveux et les poils
sont faits exprès pour me protéger du froid,
mais c'est surtout vrai pour les animaux.
Au bout de mes doigts, il y a mes ongles.
Chez mon copain à quatre pattes,
les ongles sont devenus des griffes.

WOuF

woUF

La peau, c'est l'organe du toucher.
Grâce aux nerfs qu'elle contient,
je peux sentir ce qui est froid, chaud, doux,
rugueux, pointu, lisse, etc...

C'est doux!

CHAQUE FOIS QUE TU TE FAIS MAL, IL Y A UNE PLAIE SUR TA PEAU. SI TON BOBO SAIGNE, ON DIT QUE C'EST UNE PLAIE OUVERTE. S'IL NE SAIGNE PAS, C'EST UNE PLAIE FERMÉE.

LORSQUE TU TOMBES, TU PEUX TE FAIRE UNE ÉCORCHURE, UNE ÉRAFLURE OU UNE ÉGRATIGNURE. CE N'EST PAS TRÈS GRAVE, MÊME SI ÇA SAIGNE ET QUE ÇA TE FAIT MAL SUR LE COUP. EN PEU DE TEMPS, TON SANG VA S'ÉPAISSIR AUTOUR DE LA BLESSURE ET FORMER UNE CROÛTE BRUNE.

EN DESSOUS, TA PEAU VA SE RÉPARER TOUTE SEULE.

Je nettoie toute plaie ouverte avec de l'eau et du savon. C'est important de bien enlever toutes les saletés pour empêcher les microbes de rentrer dans mon corps. Ensuite, j'enduis mon bobo d'une pommade antibiotique et je mets un pansement dessus pour le protéger.

Attention genou fragile!

TA BLESSURE EST PARFOIS PLUS GRAVE. C'EST LE CAS LORSQUE TU TE COUPES AVEC UN MORCEAU DE VERRE OU UN COUTEAU. IL S'AGIT ALORS D'UNE LACÉRATION. TON BOBO SAIGNE BEAUCOUP CAR TU AS PERCÉ UN VAISSEAU SANGUIN PLUS GROS, UNE VEINE PAR EXEMPLE.

IL ARRIVE AUSSI QUE TA PEAU SOIT PERFORÉE PAR UN OBJET POINTU COMME UN CLOU OU UNE GROSSE ÉCHARDE. DANS CE CAS, LA PLAIE NE SAIGNE PAS BEAUCOUP.

IL FAUT DÉSINFECTER TA PLAIE AVEC DE L'EAU ET DU SAVON, COMME PRÉCÉDEMMENT, MAIS EN PLUS, TU DOIS TOUT DE SUITE ALLER VOIR TON MÉDECIN.

IL VA VÉRIFIER TON CARNET DE SANTÉ. SI C'EST NÉCESSAIRE, IL VA TE VACCINER CONTRE LE TÉTANOS, UNE MALADIE TRÈS GRAVE CAUSÉE PAR UN MICROBE. C'EST PLUS PRUDENT !

SI DES MICROBES RÉUSSISSENT À ENTRER DANS TA PLAIE, ILS PEUVENT PROVOQUER UNE INFECTION. AUTOUR DE TON BOBO, TA PEAU DEVIENT ROUGE, ENFLÉE ET CHAUDE LORSQUE TU LA TOUCHES. DU PUS JAUNE EN SORT. TU PEUX AUSSI AVOIR DE LA FIÈVRE ET NE PAS TE SENTIR BIEN.

Je me sens tout drôle !

APRÈS AVOIR DÉSINFECTÉ TA PLAIE, VA CONSULTER TON MÉDECIN PRÉFÉRÉ. IL VA VÉRIFIER CE QUI SE PASSE ET TE PRESCRIRE DES MÉDICAMENTS POUR COMBATTRE LES MICROBES SI C'EST NÉCESSAIRE.

SI TU SUBIS UN CHOC SUR LE NEZ, EN TE COGNANT OU EN RECEVANT QUELQUE CHOSE DESSUS, UN BALLON PAR EXEMPLE, TU VAS SÛREMENT TE METTRE À SAIGNER. IL Y A BEAUCOUP DE PETITS VAISSEAUX SANGUINS FACILES À BRISER DANS TON NEZ.

Quand je saigne du nez, je m'assois. Je me penche vers l'avant.
Je pince mes narines pendant trente à soixante secondes.
Lorsque le sang s'arrête de couler, j'enduis l'intérieur de ma narine
avec de la gelée de pétrole pour la garder humide.
Et bien sûr, j'évite de me moucher ou de me frotter le nez,
sinon tout va recommencer.

PARFOIS, LORSQUE TU TE FAIS MAL ET QUE TU NE SAIGNES PAS, TU AS UNE ECCHYMOSE, UNE CONTUSION OU UNE MEURTRISSURE. C'EST CE QU'ON APPELLE UNE PLAIE FERMÉE. IL SE FORME ALORS UNE BOSSE OU UN BLEU.

TA TÊTE EST FRAGILE CAR ELLE N'EST PAS PROTÉGÉE PAR DES MUSCLES. LORSQUE TU TE COGNES LA TÊTE, DES PETITS VAISSEAUX SANGUINS SONT BRISÉS. DU SANG S'ACCUMULE SOUS TA PEAU, CE QUI PROVOQUE UNE BELLE BOSSE. C'EST LA MÊME CHOSE LORSQUE TU TE FAIS UN BLEU EN TOMBANT OU EN HEURTANT QUELQUE CHOSE. L'ENDROIT OÙ TU T'ES COGNÉ DEVIENT ENFLÉ ET ROUGE. AU BOUT DE QUELQUES HEURES, IL PASSE AU VIOLET, AU BLEU, ET ENSUITE, IL TOURNE AU JAUNE.

Je mets une compresse d'eau froide sur mon bleu ou ma bosse en appuyant légèrement dessus. Ça me soulage.

TOUT LE MONDE, UN JOUR OU L'AUTRE,
FINIT PAR SE BRÛLER. CELA T'EST PEUT-ÊTRE
DÉJÀ ARRIVÉ. IL Y A PLUSIEURS DEGRÉS
DE GRAVITÉ DANS LES BRÛLURES. LA BRÛLURE
AU PREMIER DEGRÉ EST LA MOINS GRAVE.
ELLE NE TOUCHE QUE L'ÉPIDERME.
LA PEAU SE RÉPARE TOUTE SEULE
EN CINQ OU SIX JOURS.

Lorsque je me brûle, j'arrête tout de suite
l'évolution de la brûlure en plongeant
l'endroit brûlé dans de l'eau fraîche,
mais pas glacée.

J'enduis ensuite ma brûlure d'une pommade calmante.

Ça fait du bien!

LORSQU'IL SE FORME DES CLOQUES SUR TA PEAU, TU AS UNE BRÛLURE AU SECOND DEGRÉ. TU NE DOIS SURTOUT PAS PERCER LES CLOQUES CAR TU POURRAIS FAIRE ENTRER DES MICROBES DANS TON CORPS ET PROVOQUER UNE INFECTION. LÀ AUSSI, TU PLONGES LA PARTIE BRÛLÉE DANS L'EAU FRAÎCHE. TU PROTÈGES ENSUITE TA PLAIE AVEC UN PANSEMENT ET UNE POMMADE. TA PEAU VA SE RÉPARER EN TROIS OU QUATRE SEMAINES.

Les brûlures au troisième degré sont super graves.
Elles sont très profondes et détruisent toutes les couches
de la peau. La partie brûlée devient insensible.
Elle peut être blanche, brune ou noire.
Il faut tout de suite aller chez ton médecin
préféré ou à l'hôpital.

ALERTE ROUGE

LE PLUS SOUVENT, LES COUPS DE SOLEIL SONT DES BRÛLURES AU PREMIER DEGRÉ. TA PEAU DEVIENT ALORS ROUGE ET TRÈS SENSIBLE. S'IL APPARAÎT DES CLOQUES REMPLIES D'EAU SUR TA PEAU, C'EST PLUS SÉRIEUX. NE LES PERCE PAS. ATTENTION À L'INFECTION ! RAFRAÎCHIS TA PEAU AVEC DE L'EAU FRAÎCHE ET ENDUIS TON COUP DE SOLEIL D'UNE LOTION CALMANTE.

J'évite de m'exposer au soleil entre dix et quinze heures.

Et je n'oublie pas de mettre une lotion solaire résistante

à l'eau pour me protéger.

LE FROID INTENSE EST AUSSI UN ENNEMI DE TA PEAU. TES JOUES, TON NEZ ET TES MAINS SONT LES PARTIES LES PLUS FRAGILES CAR ELLES SONT LES PLUS EXPOSÉES. LORSQUE TU AS UNE ENGELURE, TA PEAU DEVIENT FROIDE AU TOUCHER ET TU NE SENS PLUS RIEN. IL FAUT ALORS RÉCHAUFFER LA PARTIE GELÉE EN LA PLONGEANT DANS L'EAU TIÈDE OU EN LA COUVRANT DE COMPRESSES JUSQU'À CE QU'ELLE REDEVIENNE CHAUDE. ET BIEN SÛR, SI DES CLOQUES APPARAISSENT, IL NE FAUT PAS LES CREVER.

Lorsque je sors jouer au froid, je m'habille chaudement et je rentre me réchauffer de temps en temps à l'intérieur.

Attention vent glacial

Direction éditoriale et artistique : Angèle Delaunois
Édition électronique : Hélène Meunier
Révision linguistique : Marie-Ève Guimont

Dépôt légal : 3e trimestre 2007
Bibliothèque nationale du Québec
Bibliothèque nationale du Canada

Nos plus sincères remerciements au docteur Jean Mantha, M.D. pour sa gentillesse, son expertise et son temps.

**Catalogage avant publication de Bibliothèque et Archives nationales du Québec
et Bibliothèque et Archives Canada**

Delaunois, Angèle

   Bleus, bosses et bobos

   (Ombilic ; n° 10)
   Pour enfants de 4 ans et plus.

   ISBN 978-2-923234-31-1

   1. Peau - Lésions et blessures - Ouvrages pour la jeunesse. 2. Peau - Ouvrages pour la jeunesse. I. Thisdale, François,
1964-   . II. Titre. III. Collection.

RD96.15.D44 2007 j617.4'77044   C2007-941326-9

SODEC
Québec :: Nous remercions le Gouvernement du Québec
Programme de crédit d'impôt pour l'édition de livres – Gestion SODEC

Conseil des Arts   Canada Council Nous remercions le Conseil des Arts du Canada de l'aide
du Canada   for the Arts   accordée à notre programme de publication.

ÉDITIONS DE L'ISATIS

4829, avenue Victoria
MONTRÉAL - H3W 2M9
www.editionsdelisatis.com
imprimé au Canada

Distributeur au Canada : Diffusion du livre Mirabel